Impressum
Verlag: BABADADA GmbH, Nedderfeld 112 , 22529 Hamburg
Geschäftsführer / Verlagsleitung: Harald Hof
Druck: Books on Demand GmbH, In de Tarpen 42, 22848 Norderstedt

Imprint
Publisher: BABADADA GmbH, Nedderfeld 112 , 22529 Hamburg, Germany
Managing Director / Publishing direction: Harald Hof
Print: Books on Demand GmbH, In de Tarpen 42, 22848 Norderstedt

scol

el colegio

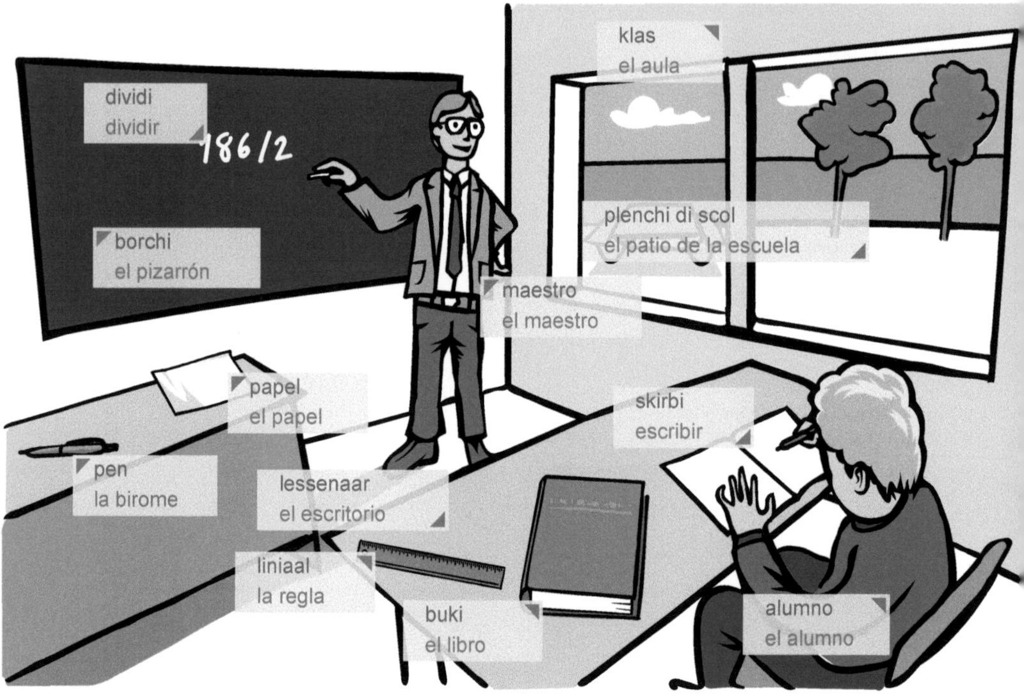
klas
el aula
dividi
dividir
186/2
borchi
el pizarrón
plenchi di scol
el patio de la escuela
maestro
el maestro
papel
el papel
skirbi
escribir
pen
la birome
lessenaar
el escritorio
liniaal
la regla
buki
el libro
alumno
el alumno

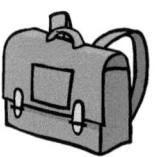

tas di scol

la mochila

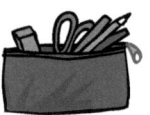

etui

la caja de lápices

potlood

el lápiz

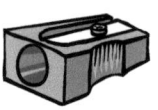

slijper

el sacapuntas

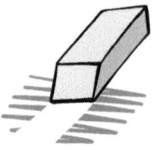

gum

la goma (de borrar)

buki di pinta

el bloc de dibujo

pintura
el dibujo

cuashi
el pincel

caha di verf
la caja de pinturas

sker
la tijera

lijm
el pegamento

schrift
el cuaderno de ejercicios

huiswerk
la tarea

number
el número

suma
sumar

kita
restar

multiplica
multiplicar

conta
calcular

letter
la letra

alfabet
el abecedario

palabra
la palabra

texto

el texto

lesa

leer

krijt

la tiza

les

la lección

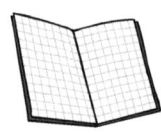

klassenboek

el cuaderno de clase

examen

el examen

diploma

el certificado

uniform di scol

el uniforme escolar

estudio

la educación

enciclopedia

la enciclopedia

universidad

la universidad

microscop

el microscopio

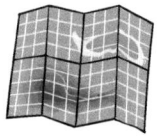

mapa

el mapa

bari di sushi

el tacho (de basura)

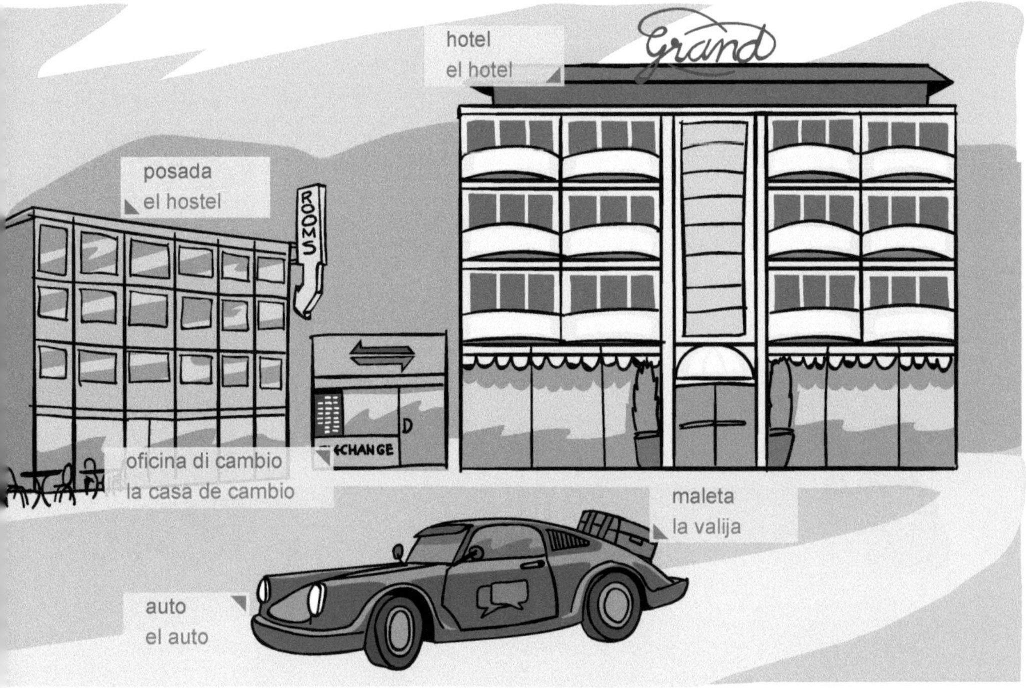

hotel
el hotel
Grand
posada
el hostel
ROOMS
oficina di cambio
la casa de cambio
€CHANGE
maleta
la valija
auto
el auto

idioma

el idioma

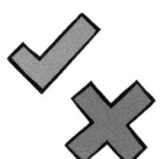

si / no

sí / no

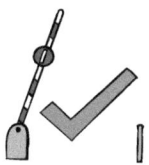

bon

Está bien

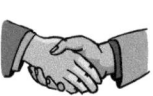

hallo

hola

tolk

el traductor

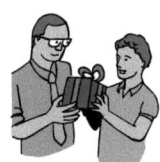

masha danki

Gracias

Cuanto esaki ta costa?

¿cuánto cuesta...?

Mi no ta compronde

No entiendo

problema

el problema

bon nochi

¡Buenas tardes!

Bon dia!

¡Buenos días!

Bon nochi!

¡Buenas noches!

ayo

el adiós

direccion

la dirección

maleta

el equipaje

handbag

el bolso

rugtas

la mochila

huesped

el invitado

camber

la habitación

slaapzak

la bolsa de dormir

tent

la carpa

informacion pa turista

la información turística

lama

la playa

credit card

la tarjeta de crédito

desayuno

el desayuno

cuminda di merdia

el almuerzo

cuminda di anochi

la cena

carchi

el pasaje

cabe'i boto

el ascensor

stampia

el sello

grens

la frontera

duana

la aduana

embahada

la embajada

visa

la visa

paspoort

el pasaporte

transport
el transporte

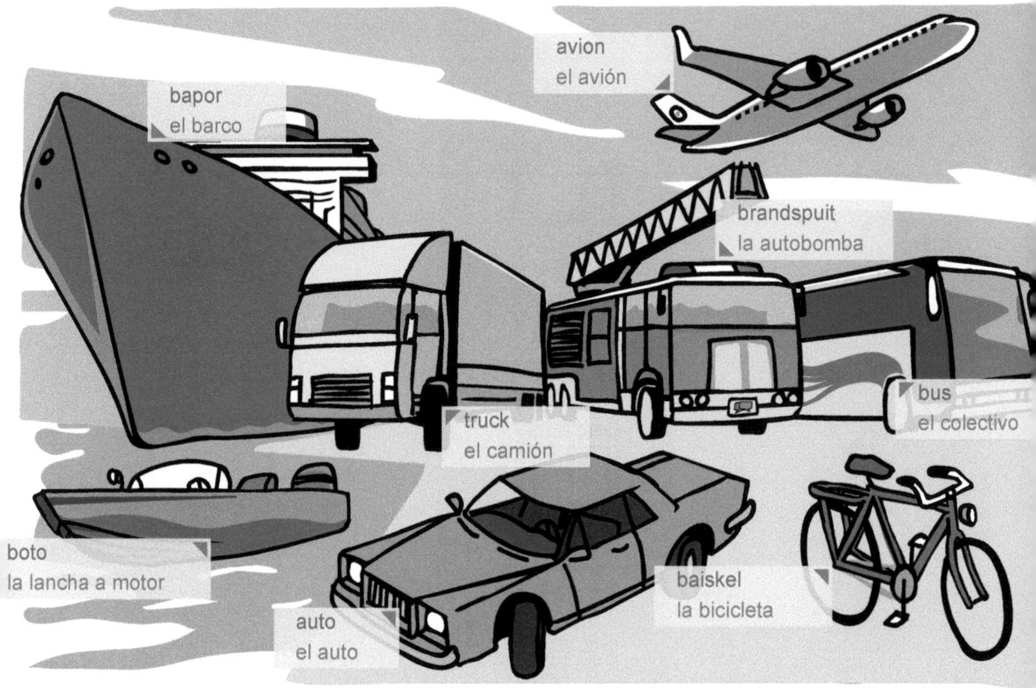
avion
el avión
bapor
el barco
brandspuit
la autobomba
bus
el colectivo
truck
el camión
boto
la lancha a motor
baiskel
la bicicleta
auto
el auto

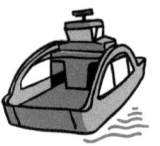

ferry
el ferry

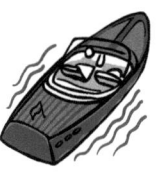

boto
el bote

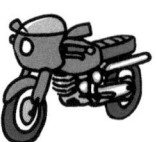

brommer
la moto

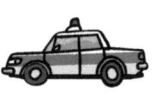

auto di polis
el patrullero

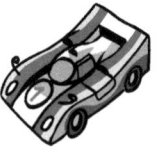

auto di careda
el auto de carreras

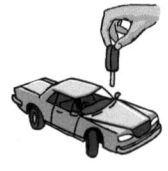

auto di huur
el auto de alquiler

car sharing

el alquiler de autos

takelwagen

la grúa

dump truck

el camión de la basura

motor

el motor

gasolin

la nafta

pomp di gasolin

la estación de servicio

borchi di trafico

la señal de tránsito

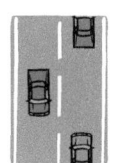

trafico

el tránsito

fila

el embotellamiento

parkeerplaats

el estacionamiento

stacion di trein

la estación de tren

riel

las vías

trein

el tren

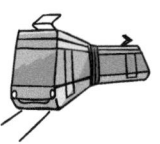

tram

el tranvía

wagon

el vagón

helicopter

el helicóptero

aeropuerto

el aeropuerto

toren

la torre

pasahero

el pasajero

container

el contenedor

caha di carton

la caja de cartón

garoshi

la carretilla

macutu

la canasta

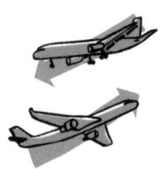

lanta / baha

despegar / aterrizar

ciudad
la ciudad

pueblo

el pueblo

centro di ciudad

el centro de la ciudad

cas

la casa

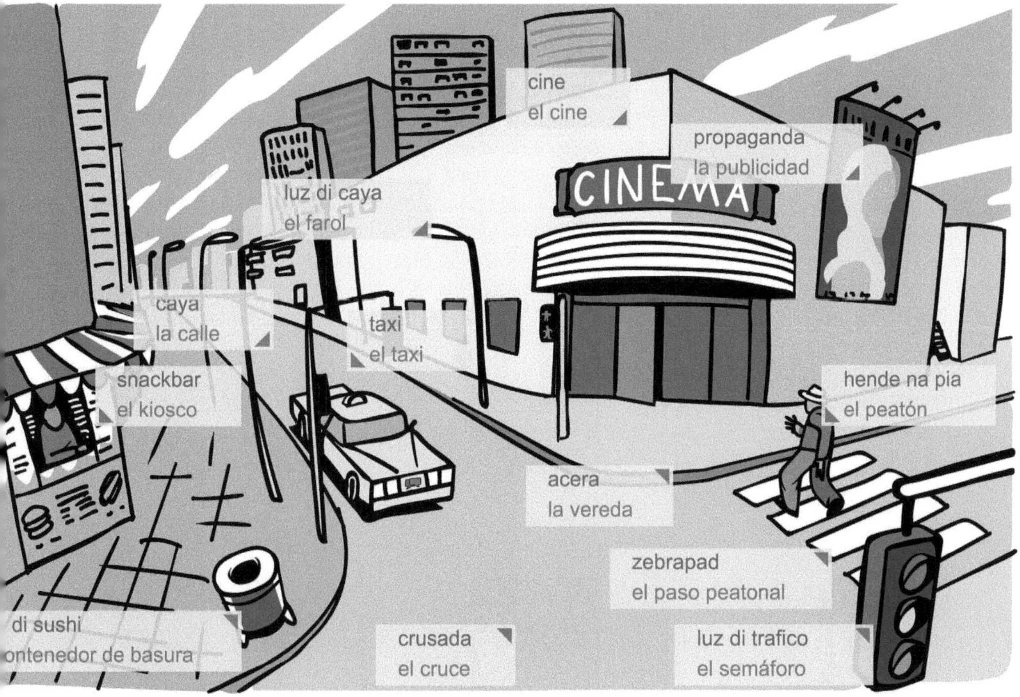

cine
el cine

propaganda
la publicidad

luz di caya
el farol

caya
la calle

taxi
el taxi

snackbar
el kiosco

hende na pia
el peatón

acera
la vereda

zebrapad
el paso peatonal

di sushi
ontenedor de basura

crusada
el cruce

luz di trafico
el semáforo

hut
....
la cabaña

flat
....
el departamento

stacion di trein
....
la estación de tren

stadhuis
....
la municipalidad

museo
....
el museo

scol
....
el colegio

universidad

la universidad

banco

el banco

hospital

el hospital

hotel

el hotel

botica

la farmacia

oficina

la oficina

boekhandel

la librería

tienda

el negocio

floresteria

la florería

supermarket

el supermercado

mercado

el mercado

department store

las grandes tiendas

bendedo di pisca

la pescadería

shopping center

el centro comercial

haf

el puerto

park

el parque

banki

el banco

brug

el puente

trapi

las escaleras

metro

el subte

tunnel

el túnel

parada di bus

la parada del colectivo

bar

el bar

restaurant

el restaurante

postbox

el buzón

borchi di nomber di caya

el letrero

parkeermeter

el parquímetro

parke di bestia

el zoológico

piscina

la pileta

moskee

la mezquita

cunucu
la granja

polucion
la contaminación

santana
el cementerio

misa
la iglesia

speelplaats
los juegos infantiles

tempel
el templo

paisahe
el paisaje

blachi
la hoja

borchi di direccion
el poste indicador

caminda
el camino

sabana
la pradera

piedra
la piedra

palo
el árbol

keirodo
el excursionista

ríu
el río

yerba
la hierba

flor
la flor

vallei
el valle

sero
la montaña

lago
el lago

mondi
el bosque

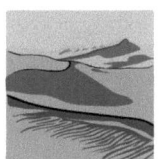

desierto
el desierto

volcan
el volcán

kasteel
el castillo

arco iris
el arco iris

paddenstoel
el champiñón

palma
la palmera

sangura
el mosquito

musca
la mosca

vruminga
la hormiga

bij
la abeja

haraña
la araña

tor

el escarabajo

dori

la rana

eekhoorn

la ardilla

porcospina

el erizo

coneu

la liebre

shoco

la lechuza

parha

el pájaro

zwaan

el cisne

porco di mondi

el jabalí

bina

el ciervo

eland

el alce

dam

la presa

molina di biento

el aerogenerador

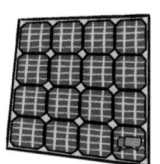

panel solar

el panel solar

clima

el clima

restaurant
el restaurante

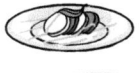

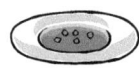

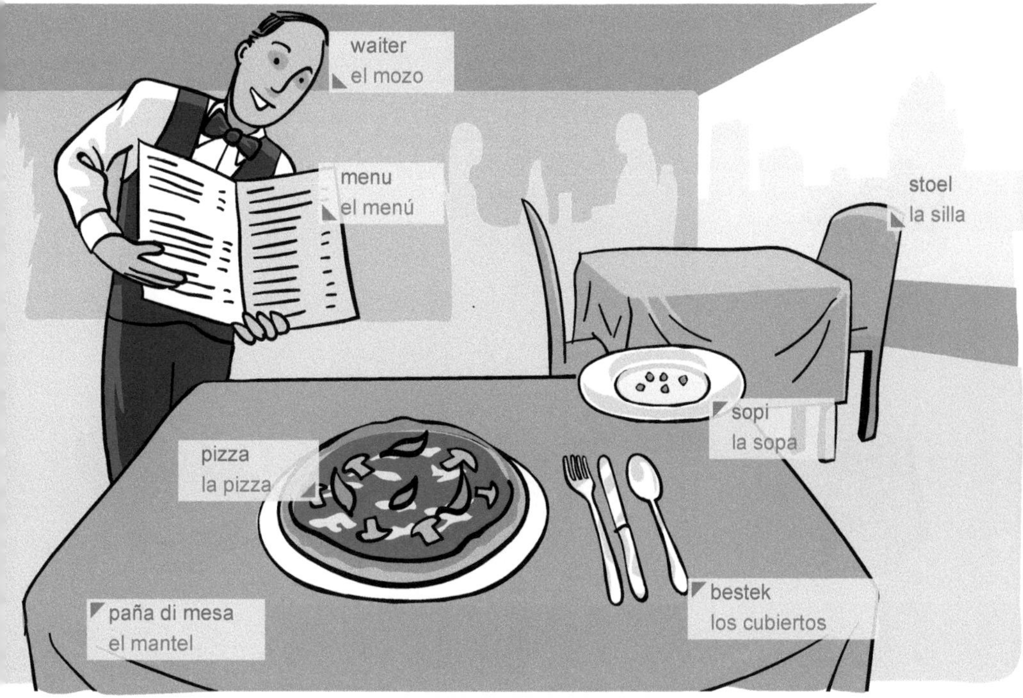
waiter
el mozo
menu
el menú
stoel
la silla
sopi
la sopa
pizza
la pizza
bestek
los cubiertos
paña di mesa
el mantel

aperitivo

la entrada

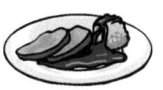

cuminda principal

el plato principal

dessert

el postre

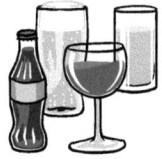

bebida

las bebidas

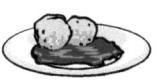

cuminda

la comida

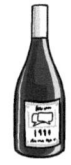

boter

la botella

fastfood

la comida rápida

streetfood

la comida callejera

canica di te

la tetera

pochi di sucu

la azucarera

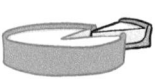

porcion

la porción

espressomachine

la cafetera expreso

stoel di mucha

la sillita alta

cuenta

la cuenta

hasechi

la bandeja

cuchiu

el cuchillo

forki

el tenedor

cuchara

la cuchara

telep

la cucharita

napkin

la servilleta

glas

el vaso

tayo

el plato

tayo di sopi

el plato hondo

scoter

el plato

saus

la salsa

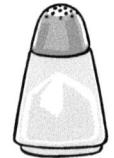

pochi di salo

el salero

mulina di peper

el molinillo de pimienta

binager

el vinagre

azeta

el aceite

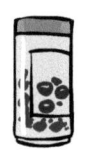

specerij

las especias

ketchup

el kétchup

mosterd

la mostaza

mayonaise

la mayonesa

supermarket

el supermercado

oferta special
la oferta especial
FOR
cliente
el cliente
producto lacteo
los lácteos
garoshi di compra
el changuito
fruta
la fruta

BUTCHERS

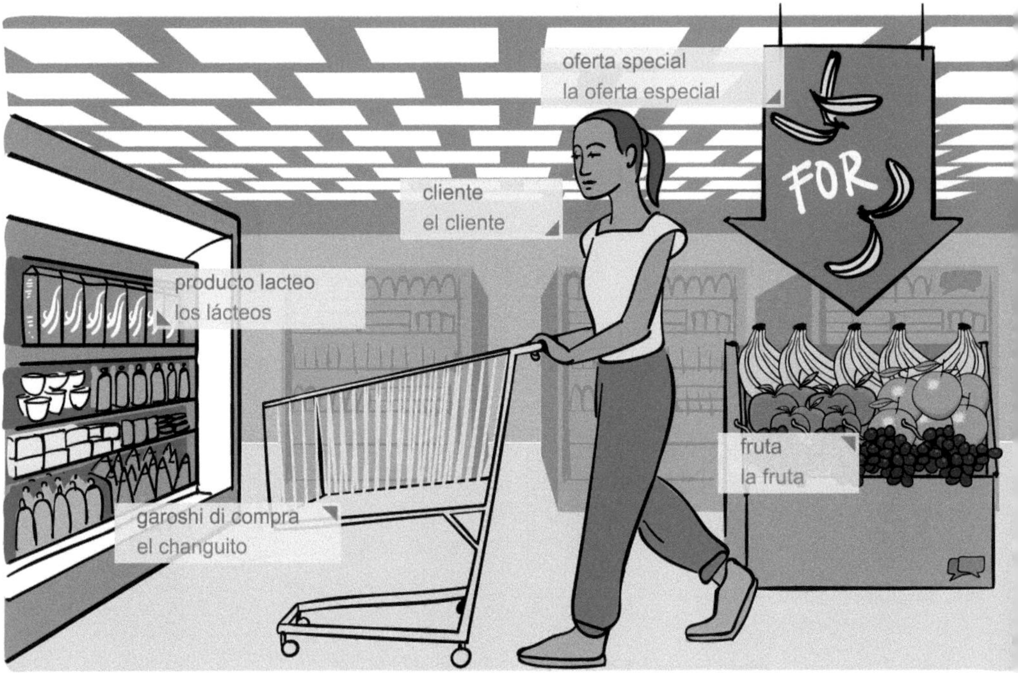

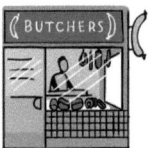

carniceria

la carnicería

BAKERY

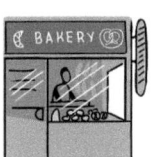

panaderia

la panadería

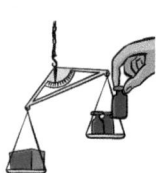

pisa

pesar

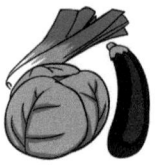

berdura

las verduras

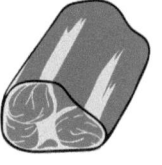

carni

la carne

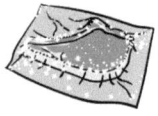

frozen food

los alimentos congelados

beleg di carni

los fiambres

cuminda di bleki

los alimentos enlatados

detergente na puiro

el detergente en polvo

mangel

las golosinas

producto pa cas

los electrodomésticos

articulo di limpiesa

los productos de limpieza

bendedo

la vendedora

cahero

la caja

cahero

el cajero

lista di compra

la lista de compras

orario

el horario de atención

cartera

la billetera

credit card

la tarjeta de crédito

tas

la cartera

saco di plastic

la bolsa de plástico

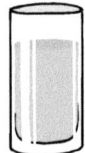

awa

el agua

juice

el jugo

lechi

la leche

cola

la bebida cola

biña

el vino

cerbes

la cerveza

alcohol

el alcohol

chocomel

el cacao

te

el té

koffie

el café

espresso

el café expreso

cappuccino

el cappuccino

bacoba
la banana

appel
la manzana

apelsina
la naranja

milon
el melón

lamunchi
el limón

wortel
la zanahoria

conoflok
el ajo

bambu
el bambú

siboyo
la cebolla

mushroom
el champiñón

noot
las nueces

pasta
los fideos

spaghetti

los tallarines

aros

el arroz

salada

la ensalada

batata hasa

las papas fritas

batata hasa

las papas fritas

pizza

la pizza

hamburger

la hamburguesa

sandwich

el sándwich

cutlet

el churrasco

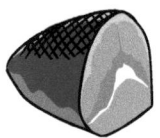

ham

el jamón

salami

el salame

soseishi

la salchicha

galiña

el pollo

hasa

el asado

pisca

el pescado

papa

los copos de avena

müsli

el muesli

cornflakes

los copos de maíz

hariña

la harina

croissant

la medialuna

pan rondo

el pancito

pan

el pan

toast

la tostada

cuki

las galletitas

manteca

la manteca

kwark

la cuajada

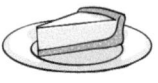

bolo

la torta

webo

el huevo

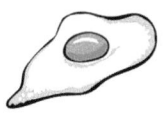

webo hasa

el huevo frito

keshi

el queso

ijscream

el helado

sucu

el azúcar

honing

la miel

jam

la mermelada

pasta di chuculati

la pasta de chocolate

curry

el curry

cunucu
la granja

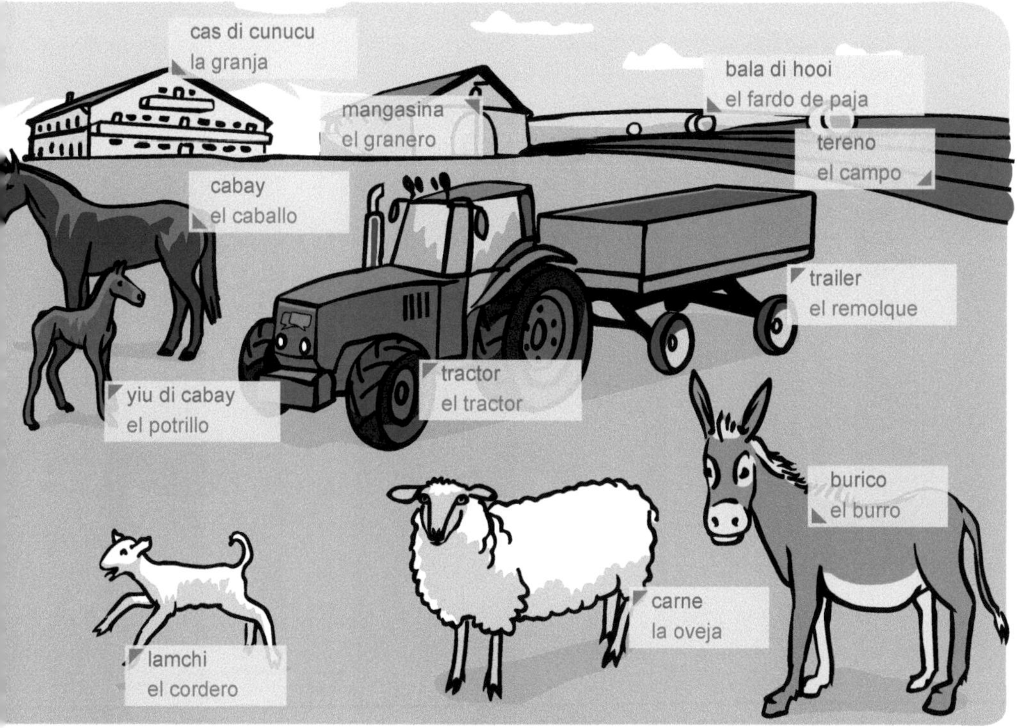

cas di cunucu
la granja
mangasina
el granero
bala di hooi
el fardo de paja
tereno
el campo
cabay
el caballo
trailer
el remolque
tractor
el tractor
yiu di cabay
el potrillo
burico
el burro
carne
la oveja
lamchi
el cordero

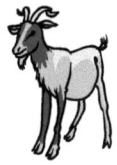

cabrito

la cabra

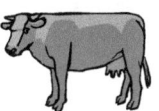

baca

la vaca

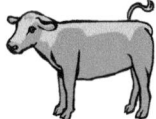

bishe

el ternero

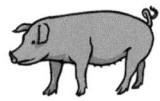

porco

el cerdo

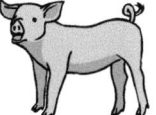

yiu di porco

el lechón

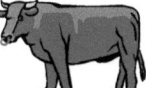

toro

el toro

gans
el ganso

pato
el pato

puyito
el pollo

galiña
la gallina

gay
el gallo

djaca
la rata

pushi
el gato

raton
el ratón

toro
el buey

cacho
el perro

cas di cacho
la cucha

slang pa muha mata
la manguera

gieter
la regadera

herment pa corta yerbe
la guadaña

ploeg
el arado

garabati

la hoz

chapi

la azada

forki pa coy hooi

la horquilla

hacha

el hacha

garetia

la carretilla

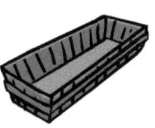

pesebre

el abrevadero

canica di lechi

la lechera

saco

la bolsa

heki

la reja

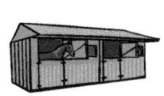

stal

el establo

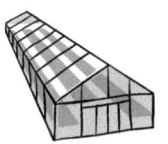

greenhouse

el invernadero

suela

el suelo

simia

la semilla

mest

el fertilizador

mashin di cosecha

la cosechadora

cosecha
cosechar

cosecha
la cosecha

yams
las batatas

trigo
el trigo

soya
la soja

batata
la papa

maishi
el maíz

canola
la semilla de colza

palo di fruta
el árbol frutal

yuca
la mandioca

grano
los cereales

cas
la casa

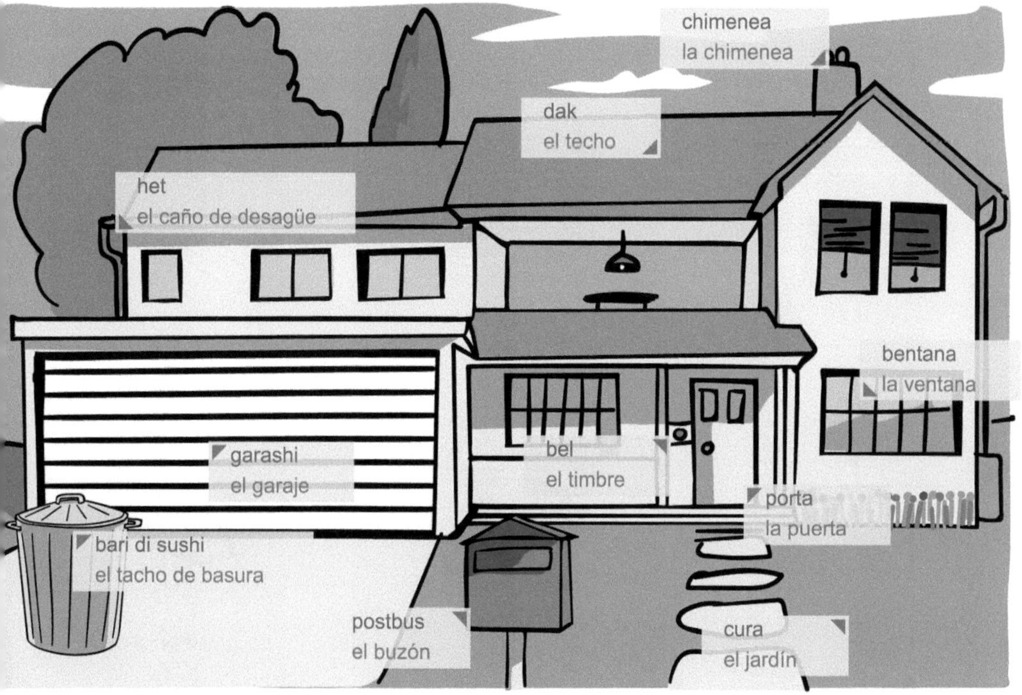
chimenea
la chimenea
dak
el techo
het
el caño de desagüe
bentana
la ventana
garashi
el garaje
bel
el timbre
porta
la puerta
bari di sushi
el tacho de basura
postbus
el buzón
cura
el jardín

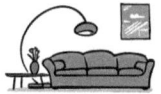

sala
el living

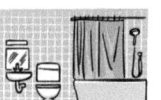

baño
el baño

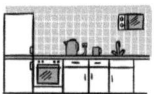

cushina
la cocina

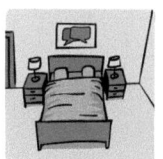

camber
el dormitorio

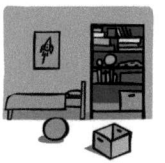

camber di mucha
el cuarto de los chicos

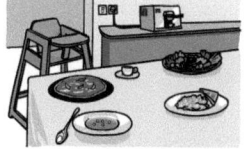

comedo
el comedor

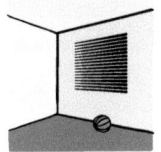

suela

el piso

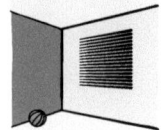

muraya

la pared

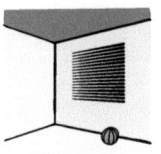

blafon

el cielorraso

bodega

el sótano

sauna

el sauna

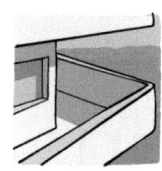

balcon

el balcón

terasa

la terraza

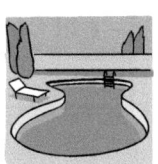

piscina

la pileta

mashin di corta yerba

la cortadora de pasto

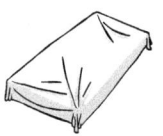

laken

la sábana

bedsprei

el acolchado

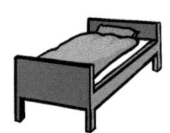

cama

la cama

basora

la escoba

hemchi

el balde

switch

el interruptor

sala
el living

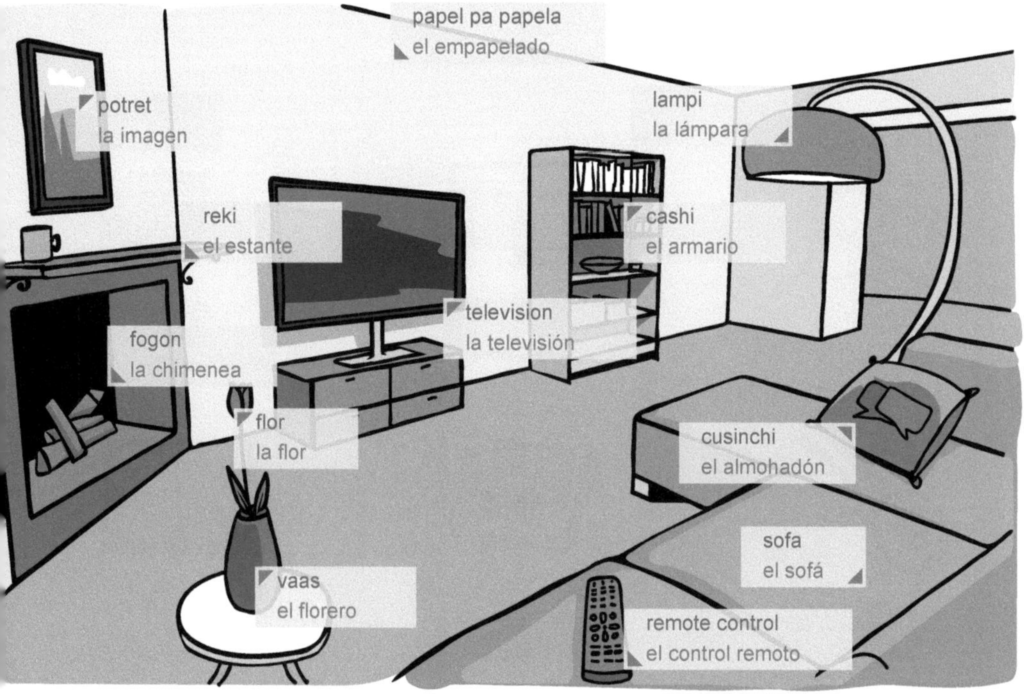

papel pa papela
el empapelado
potret
la imagen
lampi
la lámpara
reki
el estante
cashi
el armario
television
la televisión
fogon
la chimenea
flor
la flor
cusinchi
el almohadón
sofa
el sofá
vaas
el florero
remote control
el control remoto

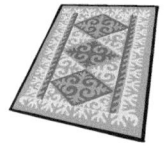

tapijt
la alfombra

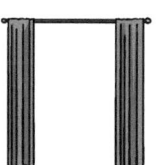

cortina
la cortina

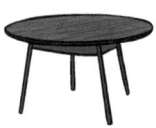

mesa
la mesa

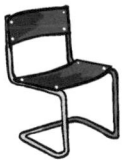

stoel
la silla

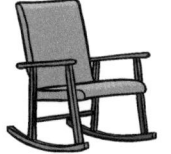

stoel di zoya
la mecedora

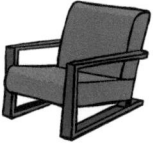

stoel
el sillón

buki

el libro

dekel

la frazada

decoracion

la decoración

palo pa kima

la leña

film

la película

stereoset

el equipo de música

yabi

la llave

corant

el diario

cuadra

la pintura

poster

el póster

radio

la radio

blocnote

el cuaderno

stofzuiger

la aspiradora

cadushi

el cactus

bela

la vela

sala - el living

cushina
la cocina

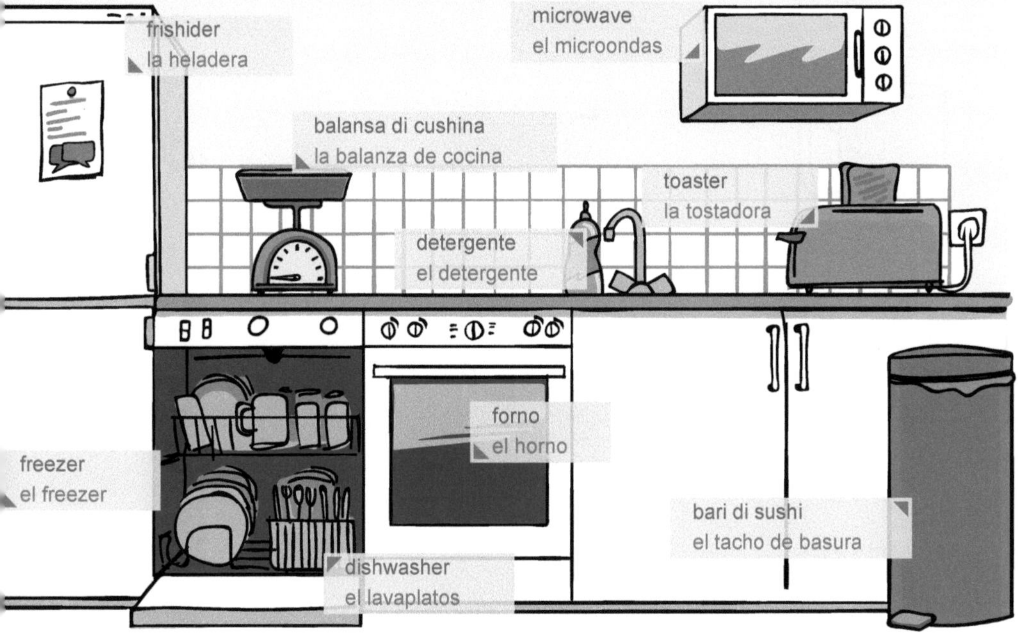
frishider
la heladera
microwave
el microondas
balansa di cushina
la balanza de cocina
toaster
la tostadora
detergente
el detergente
forno
el horno
freezer
el freezer
bari di sushi
el tacho de basura
dishwasher
el lavaplatos

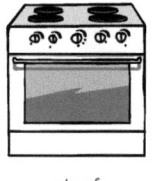

stoof

la cocina

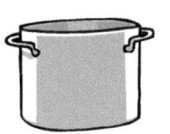

wea

la olla

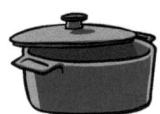

wea di hero

la olla de hierro fundido

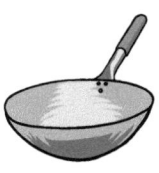

wok

el wok

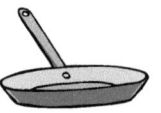

planchi

la sartén

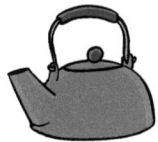

ketel

la pava

steamer
la vaporera

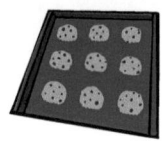

teblachi pa horna
la bandeja de horno

servies
la vajilla

beker
la taza

conchi
el bol

chopstick
los palitos

cuchara di sopi
el cucharón

spatula
la espátula

garde
la batidora

scurido
el colador

colado
el colador

raspa
el rallador

fenso
el mortero

barbecue
la parrilla

candela
la fogata

planki pa corta

la tabla de picar

rostok

el palo de amasar

kurkentrek

el sacacorchos

bleki

la lata

cos di habri bleki

el abrelatas

pannenlap

la manopla

wasbak

la pileta

skeiro

el cepillo

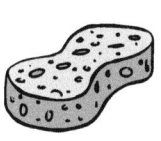

spons

la esponja

blender

la batidora

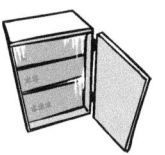

freezer

el congelador

tetero

la mamadera

cranchi

la canilla

baño

el baño

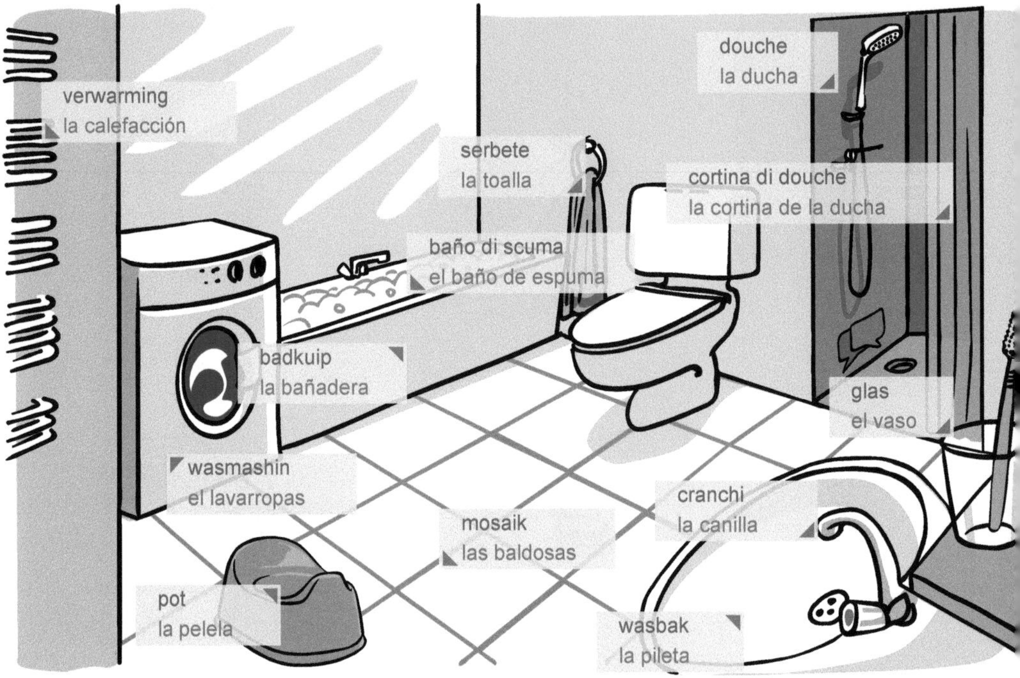

verwarming
la calefacción
douche
la ducha
serbete
la toalla
cortina di douche
la cortina de la ducha
baño di scuma
el baño de espuma
badkuip
la bañadera
glas
el vaso
wasmashin
el lavarropas
cranchi
la canilla
mosaik
las baldosas
pot
la pelela
wasbak
la pileta

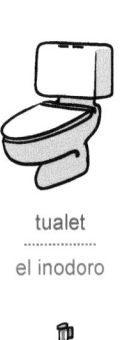

tualet

el inodoro

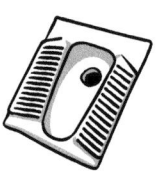

hurktoilet

la letrina

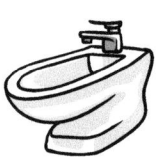

bidet

el bidé

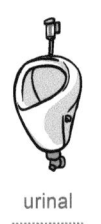

urinal

el mingitorio

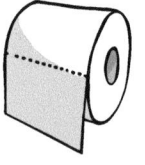

papel di w.c.

el papel higiénico

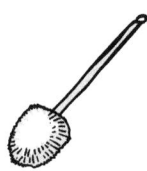

skeiro di w.c.

el cepillo para el inodoro

skeiro di djente

el cepillo de dientes

pasta di djente

el dentífrico

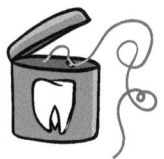

dental floss

el hilo dental

laba

lavar

douche di man

la ducha de mano

bidet

la ducha higiénica

tobo

la palangana

skeiro

el cepillo para la espalda

habon

el jabón

shower gel

el gel de ducha

shampoo

el shampoo

washandje

la toallita

drain

el desagüe

crema

la crema

desodorante

el desodorante

spiel

el espejo

spiel di man

el espejito

blet

la maquinita de afeitar

shaving foam

la espuma de afeitar

aftershave

el aftershave

peña

el peine

skeiro

el cepillo

blower

el secador de pelo

spray pa cabey

el spray

makeup

el maquillaje

lipstick

el lápiz de labios

cos di pinta huña

el esmalte para uñas

catuna

el algodón

sker pa corta huña

la tijera para uñas

perfume

el perfume

tas

el portacosméticos

kruk

la banqueta

balansa

la balanza

bata

la bata

handschoen

los guantes de goma

tampon

el tampón

kotex

la toallita femenina

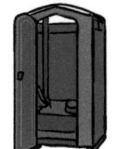

wc kimico

el baño químico

camber di mucha

el cuarto de los chicos

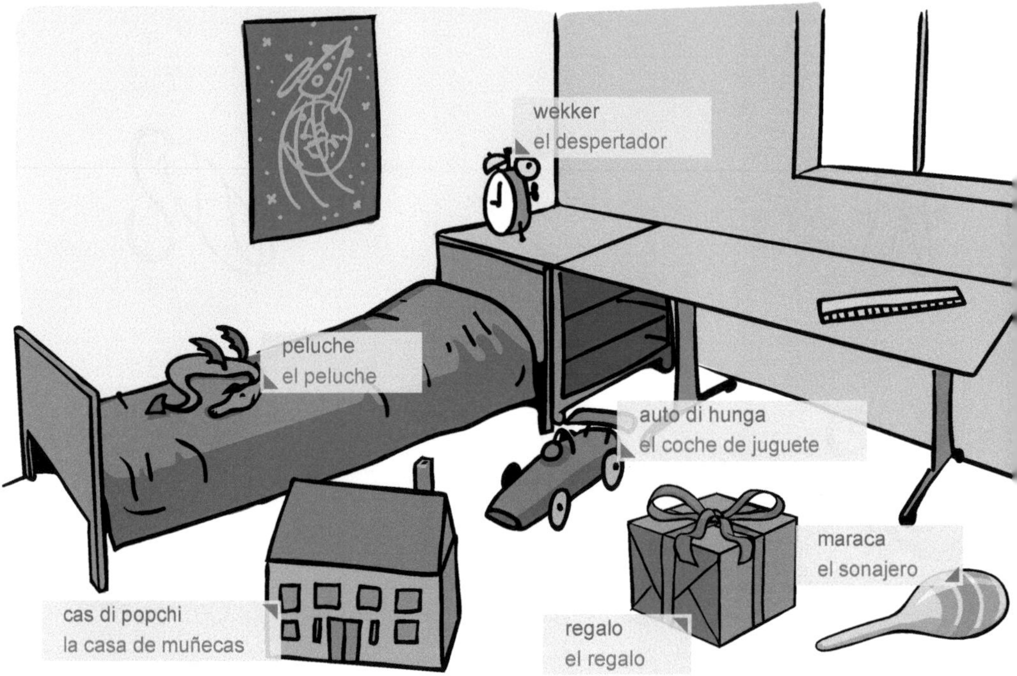
wekker
el despertador
peluche
el peluche
auto di hunga
el coche de juguete
maraca
el sonajero
cas di popchi
la casa de muñecas
regalo
el regalo

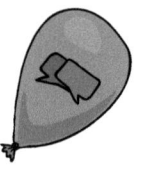

blaas

el globo

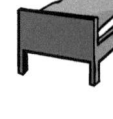

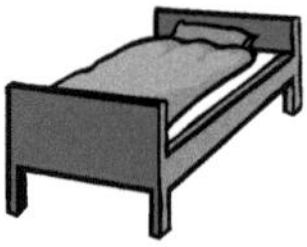

cama

la cama

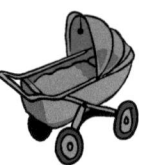

stroller

el cochecito

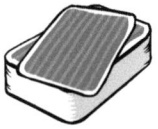

baraha di carta

las cartas

puzzel

el rompecabezas

SUPER
MEGA

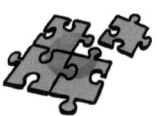

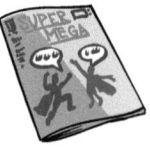

comic

la historieta

lego

las piezas de lego

bloki di hunga

los ladrillos de juguete

figura di accion

la figura de acción

romper

el enterito (de bebé)

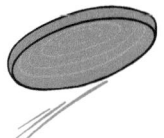

frisbee

el frisbee

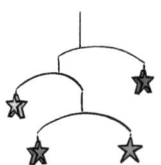

mobil

el móvil para bebés

wega di mesa

el juego de mesa

dou

los dados

set di trein

el tren eléctrico

chupon

el chupete

fiesta

la fiesta

buki di prenchi

el libro de cuentos ilustrado

bala

la pelota

popchi

la muñeca

hunga

jugar

zandbak

el arenero

zoya

la hamaca

cos di hunga

los juguetes

videogame

la consola de videojuegos

tricycle

el triciclo

beer

el osito de peluche

cashi di paña

el armario

paña

la ropa

mea

las medias

mea

las medias panty

pantyhose

las calzas

sjaal
la bufanda

paraplu
el paraguas

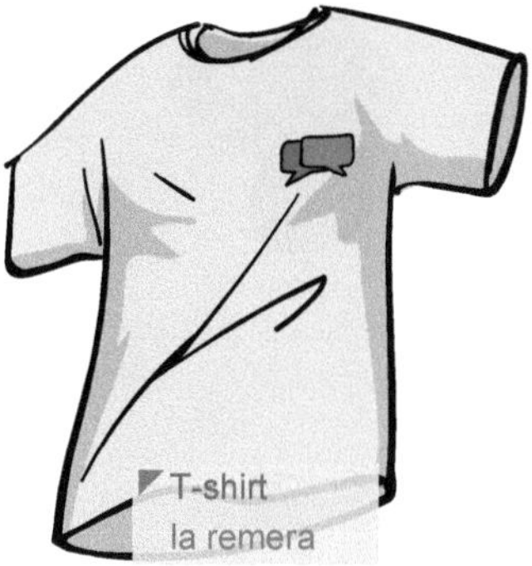

faha
el cinturón

T-shirt
la remera

keds
las zapatillas

boots
las botas

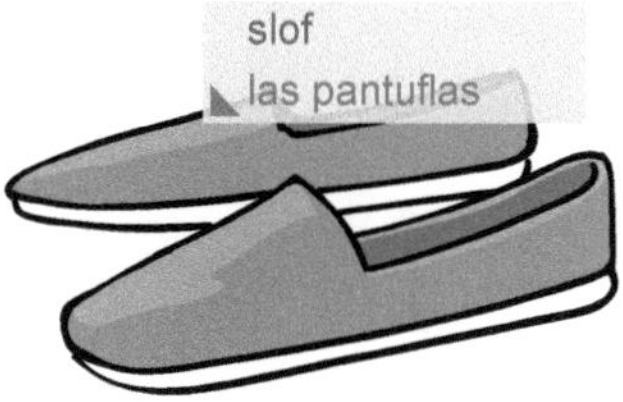

slof
las pantuflas

sandalia

las sandalias

sapato

los zapatos

laars di rubber

las botas de goma

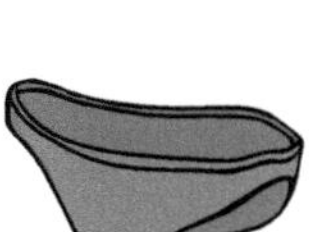

carsonsio

la ropa interior

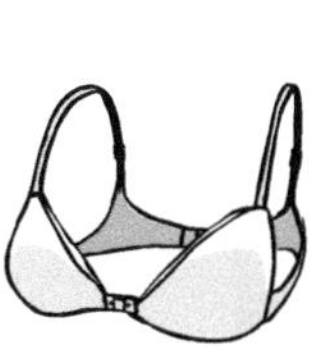

bh

el corpiño

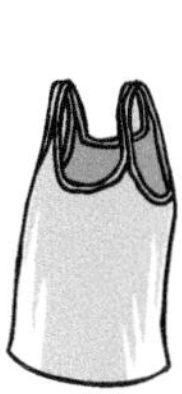

flanel

el chaleco

body

el body

carson

los pantalones

jeans

los jeans

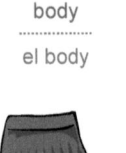

saya

la pollera

blusa

la blusa

camisa

la camisa

sweater

el pulóver

sweater

el buzo

blazer

el blazer

jacket

la campera

jas

el tapado

regenjas

el piloto

flus

el traje

shimis

el vestido

shimis di bruid

el vestido de novia

flus
el traje

yapon
el camisón

pidjama
el pijama

sari
el sari

lenso di cabes
el pañuelo para la cabeza

turban
el turbante

burqa
la burka

kaftan
el caftán

abaya
la abaya

zwempak
el traje de baño

zwembroek
el short de baño

carson cortico
los shorts

trainingspak
el jogging

lantera
el delantal

handschoen
los guantes

boton

el botón

bril

los anteojos

armband

la pulsera

cadena

el collar

renchi

el anillo

renchi di horea

el aro

pechi

la gorra

kapstok

la percha

sombre

el sombrero

dashi

la corbata

ziper

el cierre

helm

el casco

guiel

los tiradores

uniform di scol

el uniforme escolar

uniform

el uniforme

babado

el babero

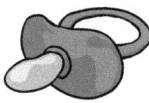

chupon

el chupete

bruki

el pañal

oficina

la oficina

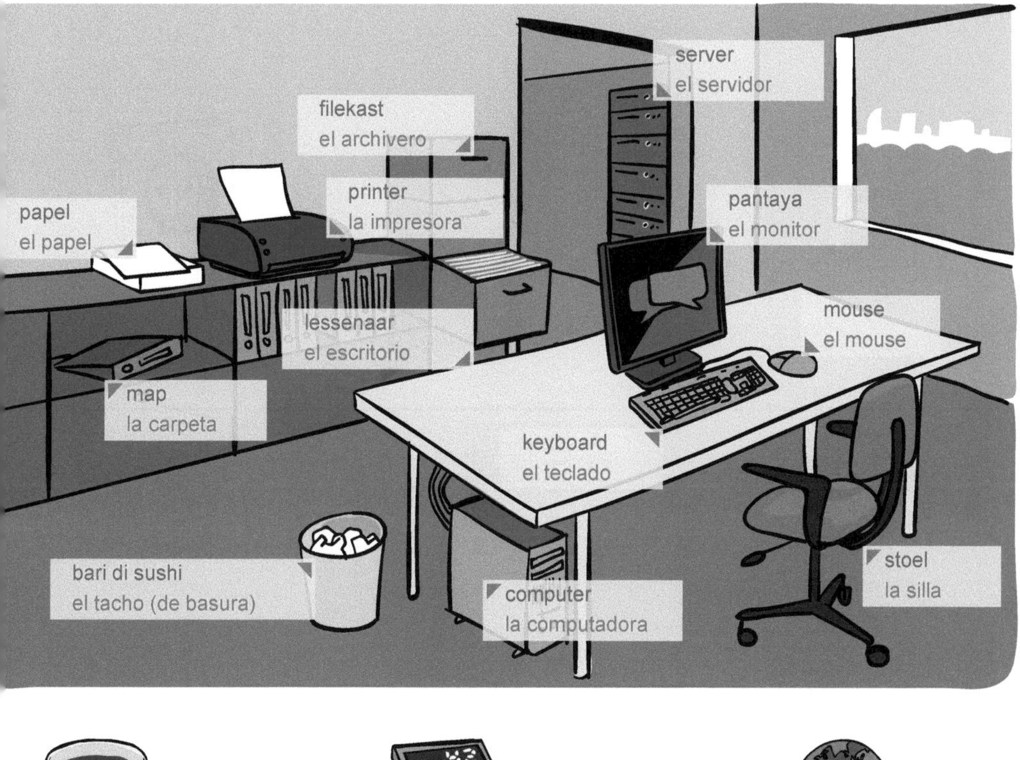

server
el servidor

filekast
el archivero

printer
la impresora

pantaya
el monitor

papel
el papel

mouse
el mouse

lessenaar
el escritorio

map
la carpeta

keyboard
el teclado

bari di sushi
el tacho (de basura)

computer
la computadora

stoel
la silla

copi pa bebe koffie

la taza de café

calculator

la calculadora

internet

el internet

laptop
la laptop

carta
la carta

mensahe
el mensaje

celular
el celular

red
la red

mashin di copia
la fotocopiadora

software
el software

telefon
el teléfono

stopcontact
el tomacorriente

fax mashin
el fax

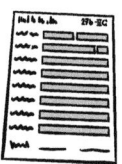

formulario
el formulario

documento
el documento

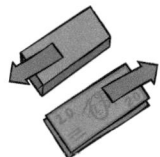

cumpra

comprar

paga

pagar

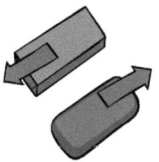

negosha

hacer negocios

placa

el dinero

dollar

el dólar

euro

el euro

yen

el yen

roebel

el rublo

frank suiso

el franco suizo

yuan renminbi

el yuan

roepi

la rupia

bancomatico

el cajero automático

oficina di cambio

la casa de cambio

oro

el oro

plata

la plata

azeta

el petróleo

energia

la energía

prijs

el precio

contract

el contrato

impuesto

el impuesto

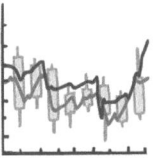

share

la acción

traha

trabajar

empleado

el empleado

dunado di trabou

el empleador

fabrica

la fábrica

tienda

el negocio

ofishi / profesion
las ocupaciones

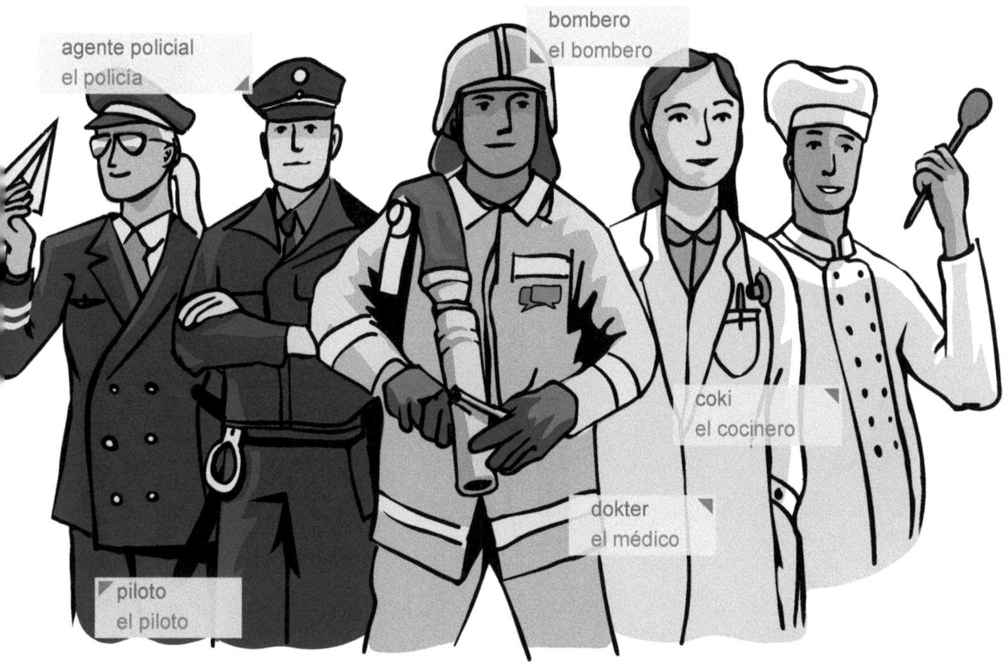

agente policial
el policía
bombero
el bombero
coki
el cocinero
dokter
el médico
piloto
el piloto

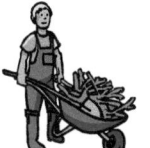

hardinero

el jardinero

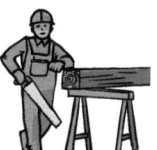

carpinte

el carpintero

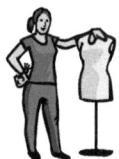

cosedo

la modista

hues

el juez

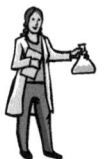

kimico

el farmacéutico

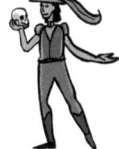

actor

el actor

chauffeur di bus

el colectivero

chauffeur di taxi

el taxista

piscado

el pescador

hende cu ta haci cas limpi

la mucama

drechado di dak

el techista

waiter

el mozo

jaagdo

el cazador

verfdo

el pintor

panadero

el panadero

electricista

el electricista

trahado den construccion

el albañil

ingeniero

el ingeniero

carnicero

el carnicero

loodgieter

el plomero

partido di carta

el cartero

solda

el soldado

arkitecto

el arquitecto

cahero

el cajero

florista

el florista

pelukero / pelukera

el peluquero

controlado di ticket

el cobrador

mecanico

el mecánico

capitan

el capitán

dentista

el dentista

científico

el científico

rabbi

el rabino

imam

el imán

monk

el monje

pastor

el sacerdote

herment
las herramientas

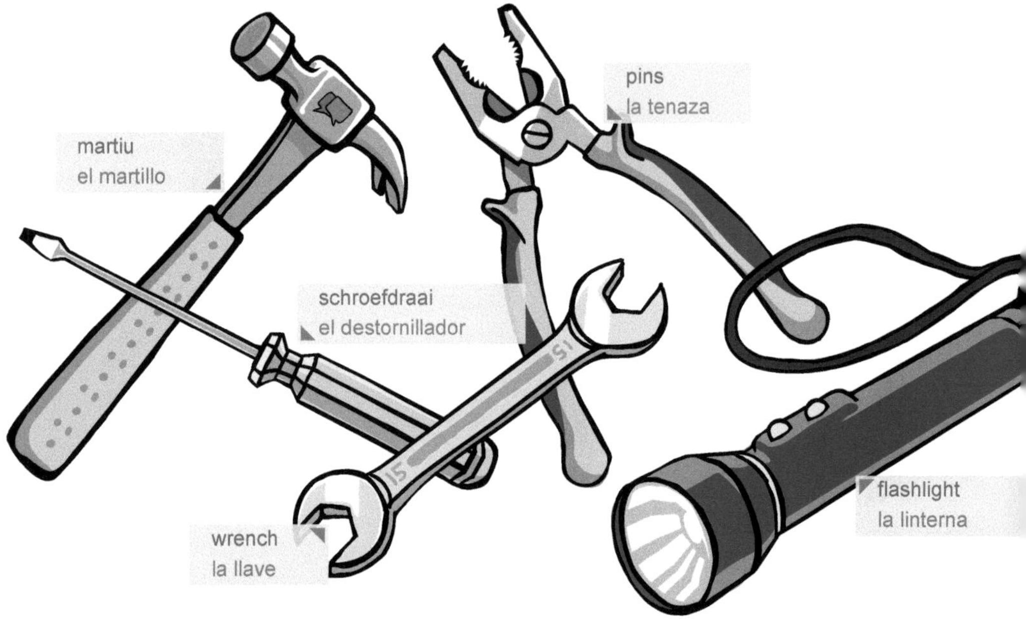

martiu
el martillo
pins
la tenaza
schroefdraai
el destornillador
wrench
la llave
flashlight
la linterna

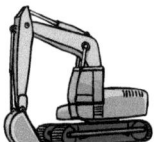

bulldozer

la excavadora

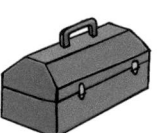

caha di herment

la caja de herramientas

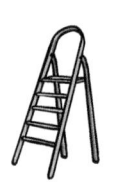

trapi

la escalera portátil

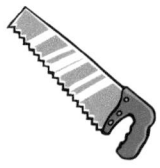

zaag

la sierra

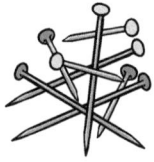

clabo

los clavos

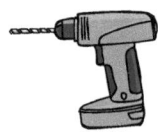

boormashin

el taladro

drecha
arreglar

shobel
la pala de jardín

caraho!
¡Qué bronca!

scop
la pala de plástico

bleki di verf
el tacho de pintura

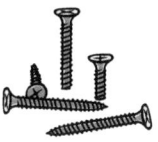

schroef
los tornillos

instrumento musical
los instrumentos musicales

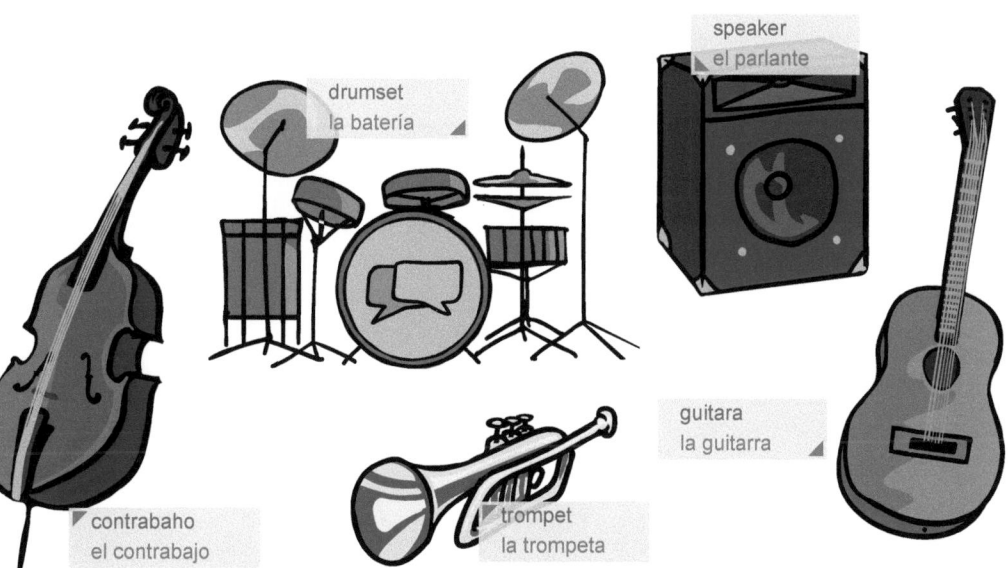

drumset
la batería

speaker
el parlante

guitara
la guitarra

contrabaho
el contrabajo

trompet
la trompeta

piano

el piano

fio

el violín

baho

el bajo

timbal

los timbales

tambu

el tambor

keyboard

el teclado

saxofon

el saxofón

fluit

la flauta

microfon

el micrófono

parke di bestia

el zoológico

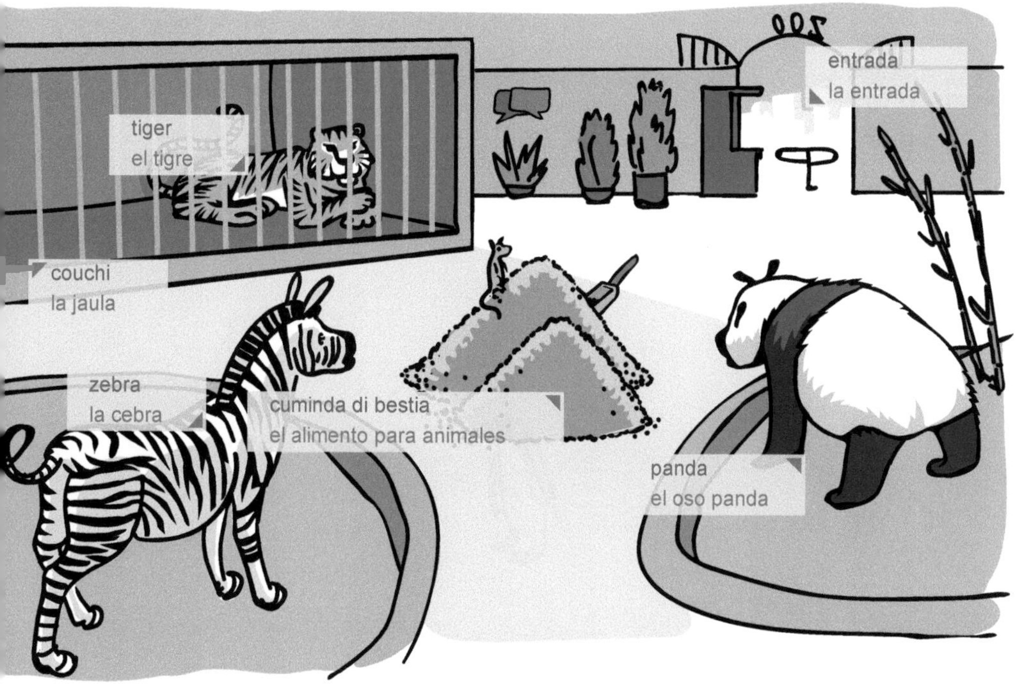
tiger
el tigre
entrada
la entrada
couchi
la jaula
zebra
la cebra
cuminda di bestia
el alimento para animales
panda
el oso panda

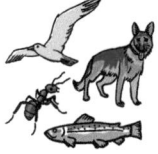

animal

los animales

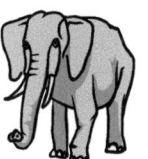

olifante

el elefante

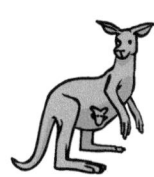

cangaru

el canguro

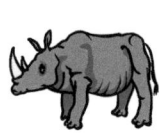

neushoorn

el rinoceronte

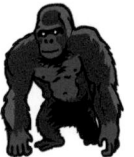

gorila

el gorila

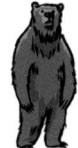

beer

el oso

camel
el camello

avestruz
el avestruz

leon
el león

macaco
el mono

flamingo
el flamenco

lora
el loro

beer polar
el oso polar

pinguin
el pingüino

tribon
el tiburón

pauwies
el pavo real

colebra
la serpiente

caiman
el cocodrilo

cuidado di bestia
el cuidador del zoológico

cacho di awa
la foca

jaguar
el jaguar

pony

el poni

leopardo

el leopardo

hipopotamo

el hipopótamo

giraf

la jirafa

aguila

el águila

porco di mondi

el jabalí

pisca

el pescado

turtuga

la tortuga

walrus

la morsa

vos

el zorro

gazelle

la gacela

futbol Americano
el fútbol americano

ciclismo
el ciclismo

tennis
el tenis

basketball
el básquet

landamento
la natación

boxeo
el boxeo

ice hockey
el hockey sobre hielo

futbol	badminton	atletismo
el fútbol	el bádminton	el atletismo

handbal	ski	polo
el handball	el esquí	el polo

hari
reír

bula
saltar

brasa
abrazar

canta
cantar

cana
caminar

resa
rezar

sunchi
besar

soña
soñar

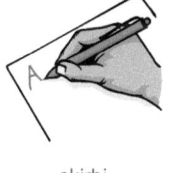

skirbi

escribir

pinta

dibujar

mustra

mostrar

primi

presionar

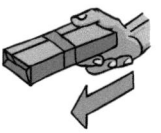

duna

dar

coy

tomar

tin

tener

haci

hacer

ta

ser

para

estar parado

core

correr

ranca

tirar

tira

tirar

cay

caer

drumi

estar acostado

warda

esperar

carga

llevar

sinta

estar sentado

bisti

vestirse

drumi

dormir

lanta fo'i soño

despertar

actividad - las actividades

mira

mirar

yora

llorar

caricia

acariciar

peña

peinar

papia

hablar

compronde

entender

puntra

preguntar

scucha

escuchar

bebe

beber

come

comer

ruim op

ordenar

stima

amar

cushna

cocinar

bai

manejar

bula

volar

actividad - las actividades

zeilo

navegar

conta

calcular

lesa

leer

siña

aprender

traha

trabajar

casa

casarse

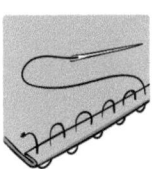

cose

coser

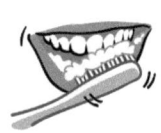

skeiro djente

cepillarse los dientes

mata

matar

huma

fumar

manda

enviar

wela
la abuela

welo
el abuelo

tata
el padre

mama
la madre

baby
el bebé

yiu muhe
la hija

yiu homber
el hijo

huesped

el invitado

tanta

la tía

omo

el tío

ruman homber

el hermano

ruman muhe

la hermana

curpa
el cuerpo

frenta
la frente
wowo
el ojo
schouder
el hombro
dede
el dedo
cara
la cara
cachete
la pera
man
la mano
pia
la pierna
pecho
el pecho
brasa
el brazo

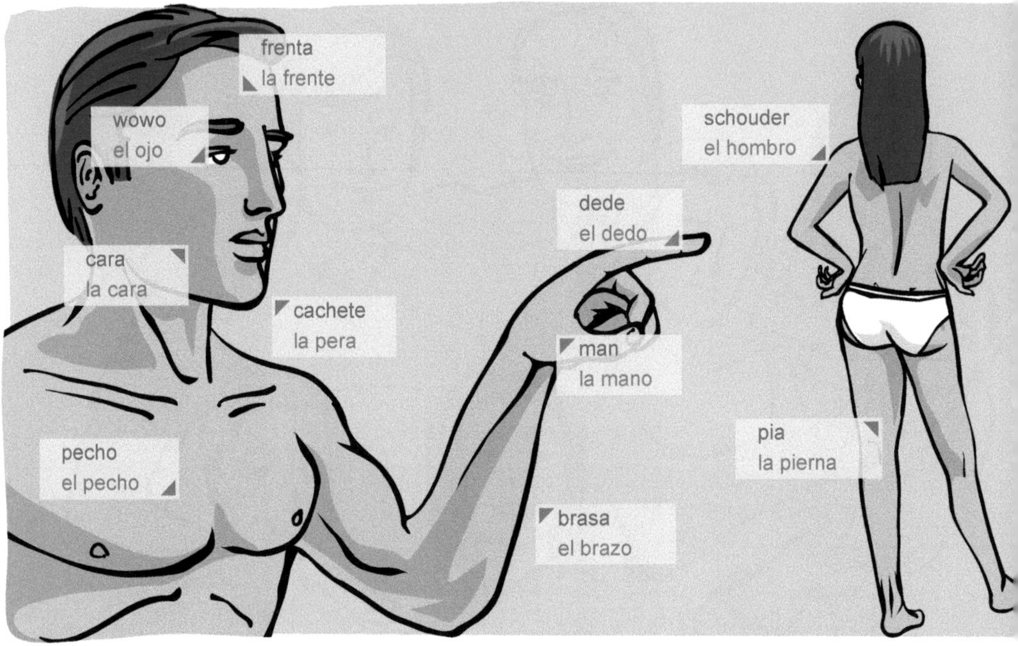

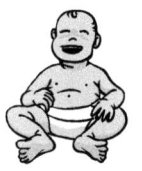

baby
el bebé

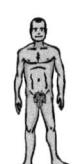

homber
el hombre

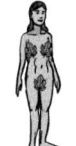

muhe
la mujer

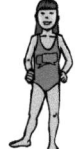

mucha muhe
la nena

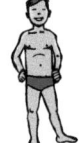

mucha homber
el nene

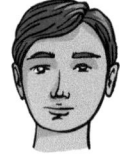

cabes
la cabeza

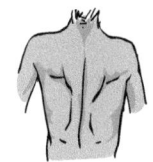

lomba

la espalda

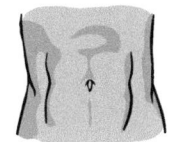

bariga

la panza

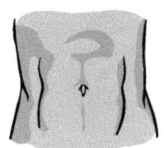

lombrishi

el ombligo

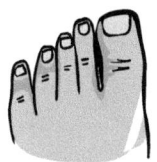

dede di pia

el dedo del pie

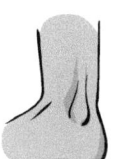

hilchi

el talón

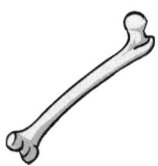

weso

el hueso

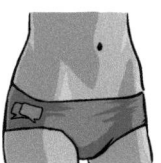

heup

la cadera

rudia

la rodilla

elleboog

el codo

nanishi

la nariz

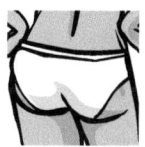

chanchan

la cola

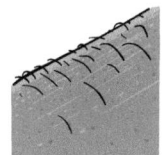

cuero

la piel

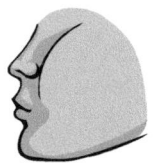

wang

el cachete

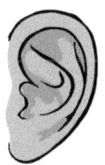

horea

la oreja

lip

el labio

boca

la boca

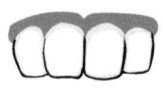

djente

el diente

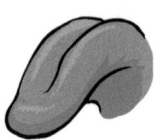

lenga

la lengua

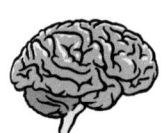

celebro

el cerebro

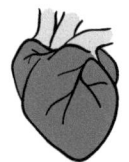

curason

el corazón

musculo

el músculo

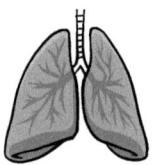

pulmon

el pulmón

higra

el hígado

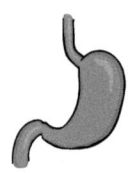

stoma

el estómago

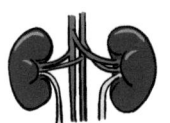

nier

los riñones

sex

el sexo

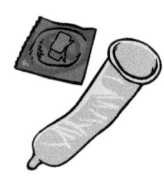

condon

el preservativo

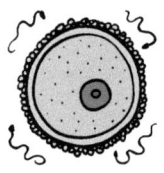

ovulo

el óvulo

sperma

el semen

embaraso

el embarazo

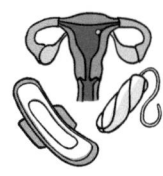

menstruacion

la menstruación

vagina

la vagina

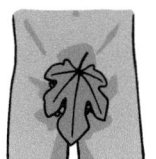

penis

el pene

wenkbrauw

la ceja

cabey

el pelo

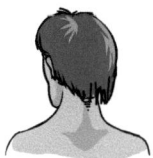

nek

el cuello

hospital
el hospital

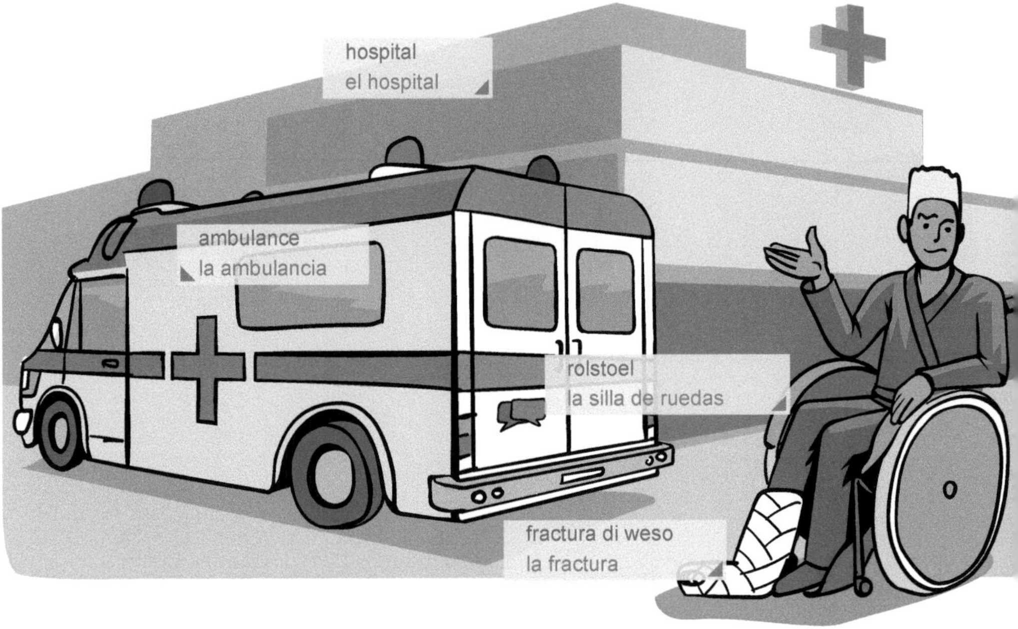

hospital
el hospital
ambulance
la ambulancia
rolstoel
la silla de ruedas
fractura di weso
la fractura

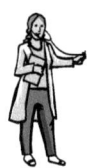

dokter
el médico

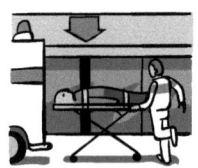

EHBO (prome asistencia/eerste hulp)
la sala de guardia

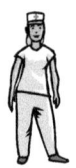

nurse
la enfermera

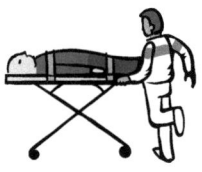

caso di emergencia
la emergencia

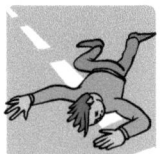

fo'i tino
inconsciente

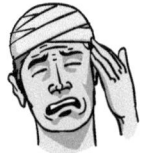

dolor
el dolor

lesion
la lesión

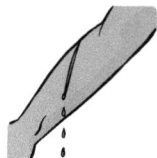

sangramento
la hemorragia

ataca di curason
el infarto

ataca celebral
el ACV

alergia
la alergia

tosa
la tos

keintura
la fiebre

griep
la gripe

diarea
la diarrea

dolor di cabes
el dolor de cabeza

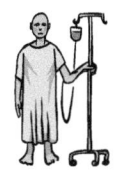

cancer
el cáncer

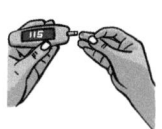

diabetes
la diabetes

ciruhano
el cirujano

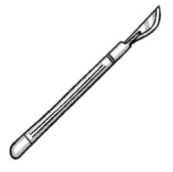

scalpel
el bisturí

operacion
la operación

CT
la TC

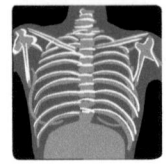

x-ray
los rayos x

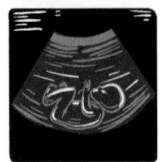

echo
la ecografía

masker contra stof
el barbijo

malesa
la enfermedad

sala di espera
la sala de espera

kruk
la muleta

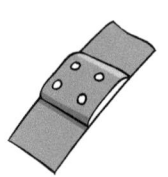

pleister
la curita

verband
la venda

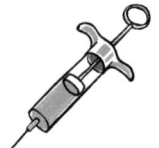

inyeccion
la inyección

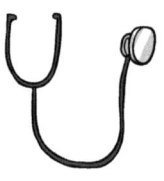

stetoscop
el estetoscopio

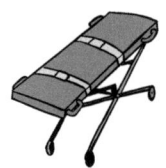

brancard
la camilla

thermometer
el termómetro

nacemento
el nacimiento

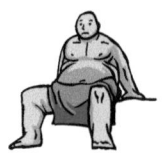

sobrepeso
el sobrepeso

aparato pa oido

el audífono

desinfectante

el desinfectante

infeccion

la infección

virus

el virus

HIV / AIDS

el VIH / SIDA

remedi

el remedio

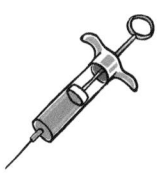

vacuna

la vacunación

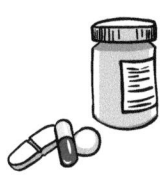

pilder

los comprimidos

pilder

la pastilla anticonceptiva

yamada di emergencia

llamada de emergencia

aparato pa midi presion

el tensiómetro

malo / saludabel

enfermo / sano

auxilio!	 alarma	 atraco
¡Ayuda!	la alarma	la agresión

atake	 peliger	 salida di emergencia
el ataque	el peligro	la salida de emergencia

 candela	 brandspuit	 desgracia
¡Fuego!	el matafuego	el accidente

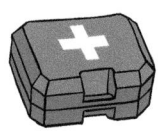 caha di prome asistencia	 SOS	 polis
el botiquín de primeros auxilios	el SOS	la policía

Europa

Europa

Noord America

América del Norte

Sur America

América del Sur

Africa

África

Asia

Asia

Australia

Australia

Oceano Atlantico

el Atlántico

Oceano Pacifico

el Pacífico

Oceano Indio

el Océano Índico

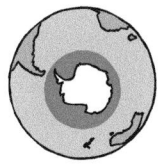

Oceano Antartico

el Océano Antártico

Oceano Artico

el Océano Ártico

Noordpool

el polo norte

Zuidpool

el polo sur

Antartica

la Antártida

mundo

la Tierra

tera

la tierra

lama

el mar

isla

la isla

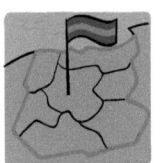

nacion

la nación

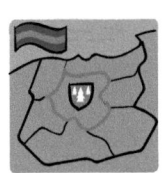

estado

el estado

holoshi analog

la esfera

wijzer chikito

la manecilla de las horas

wijzer grandi

el minutero

wijzer di seconde

el segundero

Cuant'or tin?

¿Qué hora es?

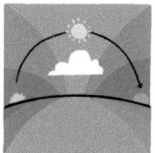

dia

el día

tempo

la hora

awor

ahora

holoshi digital

el reloj digital

minuut

el minuto

ora

la hora

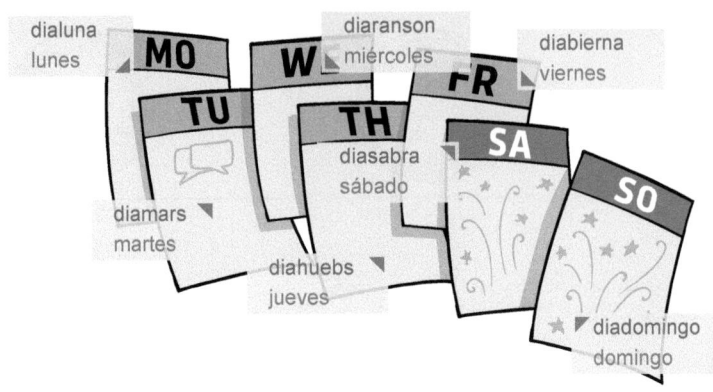

dialuna
lunes

diaranson
miércoles

diabierna
viernes

diamars
martes

diasabra
sábado

diahuebs
jueves

diadomingo
domingo

ayera
ayer

awe
hoy

mañan
mañana

mainta
la mañana

merdia
el mediodía

anochi
la tarde

MO	TU	WE	TH	FR	SA	SU
1	2	3	4	5	6	7
8	9	10	11	12	13	14
15	16	17	18	19	20	21
22	23	24	25	26	27	28
29	30	31	1	2	3	4

dia di trabou
los días hábiles

MO	TU	WE	TH	FR	SA	SU
1	2	3	4	5	6	7
8	9	10	11	12	13	14
15	16	17	18	19	20	21
22	23	24	25	26	27	28
29	30	31	1	2	3	4

weekend
el fin de semana

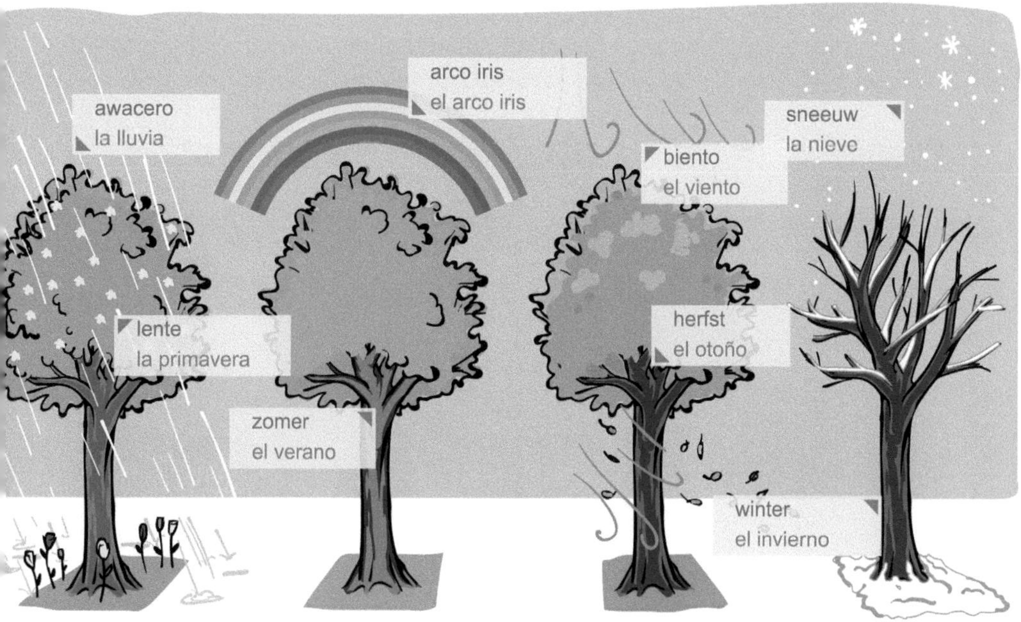

awacero
la lluvia
arco iris
el arco iris
sneeuw
la nieve
biento
el viento
lente
la primavera
herfst
el otoño
zomer
el verano
winter
el invierno

4.APRIL 11°
5.APRIL 4°
6.APRIL 13°
7.APRIL 8°
8.APRIL 10°

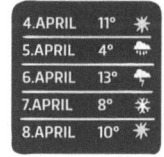

pronostico di tempo

pronóstico meteorológico

F C
120 40
90 30
60 20
30 10
0 0
-30 -10
-20

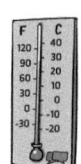

thermometer

el termómetro

solo ta briya

la luz del sol

nubia

la nube

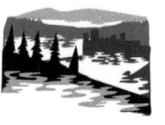

neblina

la niebla

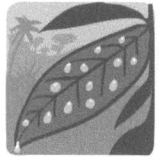

humedad

la humedad

lamper
....
el rayo

strena
....
el trueno

mal tempo
....
la tormenta

hagel
....
el granizo

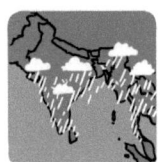

mal tempo
....
el monzón

inundacion
....
la inundación

ijs
....
el hielo

januari
....
enero

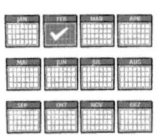

februari
....
febrero

maart
....
marzo

april
....
abril

mei
....
mayo

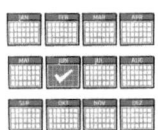

juni
....
junio

juli
....
julio

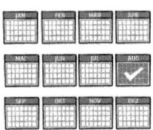

augustus
....
agosto

september
....
septiembre

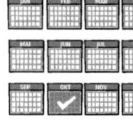

october
....
octubre

november
....
noviembre

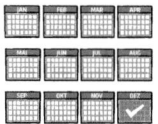

december
....
diciembre

forma
las formas

circulo
....
el círculo

cuadra
....
el cuadrado

rectangulo
....
el rectángulo

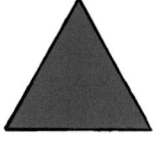

triangulo
....
el triángulo

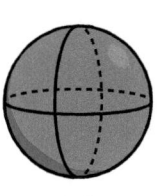

bol
....
la esfera

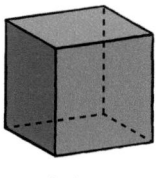

kubus
....
el cubo

blanco
....
blanco

geel
....
amarillo

oraño
....
naranja

ros
....
rosa

cora
....
rojo

biña
....
violeta

blauw
....
azul

berde
....
verde

bruin
....
marrón

shinishi
....
gris

preto
....
negro

hopi / tiki

mucho / poco

rabia / trankil

enojado / tranquilo

bunita / mahos

lindo / feo

comienso / final

el principio / el fin

grandi / chikito

grande / chico

cla / scur

claro / oscuro

ruman homber / ruman muhe

el hermano / la hermana

limpi / sushi

limpio / sucio

completo / incompleto

completo / incompleto

dia / anochi

el día / la noche

morto / bibo

muerto / vivo

hancho / smal

ancho / angosto

comibel / incomibel

comestible / no comestible

mal hende / bon hende

malo / amable

ansioso / ferfela bo mes

entusiasmado / aburrido

gordo / flaco

gordo / flaco

prome / ultimo

primero / último

amigo / enemigo

el amigo / el enemigo

yen / bashi

lleno / vacío

duro / moli

duro / blando

pisa / lihe

pesado / liviano

hamber / sed

el hambre / la sed

malo / saludabel

enfermo / sano

ilegal / legal

ilegal / legal

inteligente / sabi

inteligente / estúpido

robes / drechi

izquierda / derecha

cerca / leu

cerca / lejos

nobo / uza

nuevo / usado

nada / algo

nada / algo

bieu / jong

viejo / joven

cendi / paga

encendido / apagado

habri / cera

abierto / cerrado

keto / duro

silencioso / ruidoso

rico / pober

rico / pobre

bon / fout

correcto / incorrecto

grof / liso

áspero / suave

tristo / contento

triste / contento

cortico / largo

corto / largo

pocopoco / lihe

lento / rápido

muha / seco

mojado / seco

cayente / friu

caliente / frío

guera / paz

guerra / paz

0	1	2
cero	un	dos
cero	uno	dos

3	4	5
tres	cuater	cinco
tres	cuatro	cinco

6	7	8
seis	shete	ocho
seis	siete	ocho

9	10	11
nuebe	dies	diesun
nueve	diez	once

12

diesdos

doce

13

diestres

trece

14

diescuatro

catorce

15

diescinco

quince

16

diesseis

dieciséis

17

diesshete

diecisiete

18

diesocho

dieciocho

19

diesnuebe

diecinueve

20

binti

veinte

100

shen

cien

1.000

mil

mil

1.000.000

miyon

el millón

Ingles

el inglés

Ingles Mericano

el inglés americano

Chines Mandarin

el chino mandarín

Hindi

el hindi

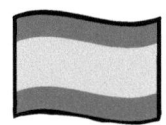

Spaño

el español

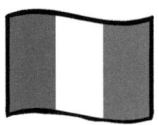

Frances

el francés

Arabe

el árabe

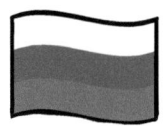

Ruso

el ruso

Portugues

el portugués

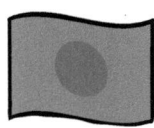

Bengal

el bengalí

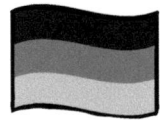

Aleman

el alemán

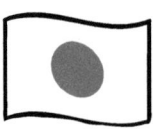

Hapones

el japonés

ami
....
yo

abo
....
vos

e
....
él / ella

nos
....
nosotros

boso
....
ustedes

nan
....
ellos

ken?
....
¿quién?

kico?
....
¿qué?

con?
....
¿cómo?

unda?
....
¿dónde?

ki ora?
....
¿cuándo?

nomber
....
el nombre

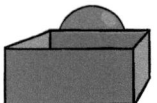

patras

detrás

den

en

dilanti di

adelante de

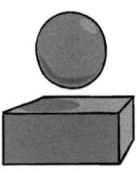

ariba

por encima de

riba

sobre

bou di

debajo de

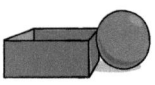

banda di

al lado de

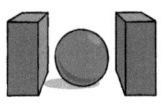

entre

entre

luga

el lugar